AF337487

OBSERVATIONS

SUR UNE

NOUVELLE PROPOSITION DE LOI

Ayant pour objet de régler
les rapports des Compagnies de Chemins de fer
avec leurs Agents commissionnés.

PAR

A. BELLAIGUE,

Docteur en Droit,

ANCIEN PRÉSIDENT DE L'ORDRE DES AVOCATS AU CONSEIL D'ÉTAT ET A LA COUR DE CASSATION,

PRÉSIDENT DU BUREAU D'ASSISTANCE JUDICIAIRE PRÈS LA COUR DE CASSATION.

PARIS

IMPRIMERIE Vᵉ ÉTHIOU-PÉROU

2 ET 4, RUE DAMIETTE, 2 ET 4

1882

OBSERVATIONS

SUR UNE

NOUVELLE PROPOSITION DE LOI

Ayant pour objet de régler
les rapports des Compagnies de Chemins de fer
avec leurs Agents commissionnés (1)

————

Le projet de loi présenté par M. Delattre, au nom de la
Commission de la Chambre des Députés, reproduit, sous une
forme plus voilée et par suite plus dangereuse, le projet déposé
l'an dernier par M. Margue et rejeté par la Chambre, le
4 mars 1881, après une discussion approfondie. (Voir le compte
rendu des séances des 25, 27 février et 4 mars 1881.)

Le premier projet nous avait suggéré quelques observations
que nous avons eu la satisfaction de voir développées et mises
en valeur, devant la Chambre des Députés, par les adversaires
du projet, MM. René Brice, Trarieux, Lelièvre et Drumel.

---

(1) **Rapport de M. Delattre, Député.** — Annexe au Procès-verbal de la
séance du 12 juin 1882.

Les critiques sous lesquelles a succombé le premier projet sont applicables au second.

Nous nous bornerons à rappeler ici les principaux griefs que l'un et l'autre suscitent au point de vue juridique, économique et social.

Le rapport de M. Delattre fait ressortir la division du projet de loi en quatre dispositions principales que nous étudierons successivement :

§ I. — *Résiliation du contrat* (art. 1er) ;

§ II. — *Réglementation des emplois et de la discipline* (art. 2) ;

§ III. — *Réglementation des Caisses de retraite* (art. 3 et 4);

§ IV. — *Juridiction compétente* (art. 5, 6 et 7).

§ I. — RÉSILIATION DU CONTRAT

ARTICLE PREMIER.

« La convention par laquelle les Compagnies et Admi-
« nistrations de chemins de fer louent les services de
« leurs Agents commissionnés ne peut être résiliée sans
« motif légitime par la volonté de l'une des parties contrac-
« tantes que moyennant la réparation du préjudice causé
« à l'autre partie.

« Toute stipulation contraire à la précédente disposi-
« tion est nulle de plein droit. »

Il y a dans cet article une exception au droit commun en matière de conventions en général, une exception au droit commun en matière de louage de services en particulier.

Aux termes de l'article 1134 du Code civil :

« Les conventions légalement formées tiennent lieu de « loi à ceux qui les ont faites. »

Sous peine d'introduire dans l'ordre économique et privé une tyrannie cent fois pire que la tyrannie politique, la liberté des conventions ne peut être restreinte par le législateur qu'autant qu'elle porte atteinte à l'ordre public.

En pareil cas, il n'est pas même· besoin d'une loi pour annuler la convention, car le Code civil défend au juge de donner effet aux conventions contraires à l'ordre public, (art. 1108 et 1133).

Peut-on prétendre que la convention expresse ou tacite de la faculté réciproque pour les Compagnies de chemins de fer et leurs employés de mettre fin au contrat passé entre eux, sans indemnité de part ou d'autre, soit contraire à l'ordre public? Les auteurs du projet de loi ont bien compris l'absurdité d'une pareille prétention et l'accueil peu favorable qu'elle rencontrerait de la part des tribunaux.

C'est pourquoi ils ont édicté l'alinéa 2 de l'article 1er, qui, à la liberté des conventions substitue la contrainte du législateur.

Y a-t-il du moins, dans la spécialité du contrat de louage

de services, une dérogation au droit commun, à la liberté des conventions?

Oui, mais en un sens tout contraire à la dérogation proposée par le projet : en ce sens qu'on ne peut engager ses services qu'à temps et non pour toujours (art. 1780). Cette dérogation, plus apparente que réelle, n'est qu'un hommage rendu à la liberté humaine qui, de sa nature et par définition, est inaliénable. Elle confirme le principe qui, en matière de louage de services, comme en matière de conventions, est la liberté des contractants.

« Attendu qu'il est de principe », dit un arrêt de la Cour de cassation du 4 août 1879 (S. 1880, 1, 35), « que le louage « de services, sans détermination de durée, peut toujours ces- « ser par la libre volonté de l'un ou de l'autre des contrac- « tants, en observant toutefois les délais commandés par « l'usage, ainsi que les autres conditions expresses ou tacites « de l'engagement. »

Rien de plus juridique et de plus légitime que cette théorie appliquée à un contrat qu'on pourrait appeler successif, parce qu'il suppose une succession d'ordres et de services dont la continuation ou la cessation dépend d'appréciations essentiellement personnelles aux contractants.

Ainsi, le droit commun en matière de louage de services condamne également le projet de loi qui enchaîne les parties indéfiniment l'une à l'autre, sous la contrainte de dommages-intérêts.

On peut s'étonner après cela que le rapport place l'article 1er de la loi sous le patronage du droit commun et de l'article 1134 du Code civil, dont la Cour de cassation, de complicité avec les Compagnies, aurait commis la violation la plus flagrante.

La réserve faite par l'article 1er de la liberté des parties, en cas de *motifs légitimes* de séparation, ne nous rassure d'ailleurs en aucune façon ; car elle ouvre la porte la plus large à l'arbitraire d'un tribunal peu fait pour substituer son appréciation à celle des contractants.

Nous ne sommes pas rassuré davantage par la nécessité de l'existence d'un préjudice comme condition des dommages-intérêts.

La preuve du préjudice résultant de la perte du traitement sera toujours facile à l'employé congédié.

La preuve de la légitimité du renvoi sera toujours diffi-cile aux Compagnies quand ce renvoi sera fondé, non sur un fait susceptible d'entraîner des poursuites civiles ou criminelles, mais sur l'incapacité, l'intempérance, la négligence ou la mau-vaise volonté.

Il est à craindre que l'espoir d'une révocation avec dommages-intérêts ne soit une prime offerte aux employés assez mauvais pour être congédiés, sans être assez coupables pour être pour-suivis et condamnés.

Quant aux bons employés, que les Compagnies ont tout intérêt à conserver, mais que des motifs, peu légitimes au regard de la justice et du contrat, quoique très légitimes au regard de la conscience (raisons de famille, de fortune, etc.....) peuvent éloigner de leur poste, ils y seront retenus malgré eux par la crainte de dommages-intérêts d'autant plus élevés que leurs services étaient plus précieux pour la Compagnie. Il est douteux que cette contrainte maintienne leur zèle à la même hauteur.

Les mauvais employés gagneront à la loi, les bons y perdront ; les Compagnies y perdront dans tous les cas ; avec elles et plus qu'elles, perdra le public intéressé, au premier chef, à la bonne administration des chemins de fer, au maintien de la hiérarchie et de la discipline dans le personnel des Compagnies.

MM. René Brice, Trarieux et Lelièvre ont fait ressortir, avec une vigueur et une ampleur d'argumentation qui nous dispensent d'insister sur ce point, pourtant si grave du débat, l'atteinte portée à l'autorité des chefs et à la soumission des Agents par une législation qui permettrait de discuter devant un tribunal quelconque, à plus forte raison devant le tribunal choisi par les auteurs du projet, la légitimité de mesures disciplinaires dont la révocation est la plus grave.

Le péril public suffirait à condamner un projet de loi qui constitue d'ailleurs, comme nous l'avons vu, une dérogation au droit commun, une véritable mesure d'oppression et d'exception.

Une mesure d'oppression ; car la substitution de la volonté de l'État ou du législateur à celle des contractants, c'est l'oppression dans l'ordre économique ;

Une mesure d'exception ; car, seuls, les Compagnies de

chemins de fer et leurs agents subiront ce régime parmi l'innombrable multitude des patrons et ouvriers, entrepreneurs et employés, administrations publiques ou privées et leurs Agents, dont les rapports sont réglés par le contrat de louage de services.

Cette anomalie a été mise en lumière surtout par les discours de MM. Trarieux et de Marcère, et elle n'a pas peu contribué au rejet du projet de loi de 1881. (Voir les discussions des 24 et 26 février 1881 et le vote sur l'amendement Trarieux.)

L'article 1er ne s'explique pas ouvertement sur l'effet rétroactif ou non de la loi ; mais les articles suivants impliquent nécessairement cette rétroactivité que ne dissimulait pas l'ancien projet.

Il paraît d'ailleurs difficile et contraire à la pensée de la Commission d'établir deux régimes différents pour les Agents commissionnés antérieurement à la loi et ceux commissionnés postérieurement.

D'où la conséquence, qui sera sans doute ouvertement affirmée devant la Chambre par les auteurs du projet, que la loi détruira les anciens contrats et les refera sur le modèle des nouveaux imposés aux parties.

C'est un grief de plus au passif du projet de loi ; ce n'est pas le dernier.

§ II. — RÉGLEMENTATION DES EMPLOIS
ET DE LA DISCIPLINE.

Art. 2.

« Dans les trois mois qui suivront la promulgation de
« la présente loi, un règlement d'Administration publique
« déterminera :

« 1° Les emplois que les Compagnies ne pourront confier
« qu'à des Agents commissionnés ;

« 2° Les mesures disciplinaires applicables aux Agents
« commissionnés des divers services pour chaque nature
« d'infraction aux règlements, et notamment les cas dans
« lesquels les Agents deviendront passibles de la descente
« de classe et de la révocation. »

Cet article substitue, non plus même la volonté du législateur, mais celle de l'Administration supérieure, à la volonté des parties.

Les Compagnies ne seront plus maîtresses de la répartition de leurs emplois, ni de leurs règlements intérieurs acceptés par les employés, ni des mesures disciplinaires, telles que les retenues de traitement, les descentes de classe et les révocations.

Cette nouvelle mesure d'oppression est contraire non-seulement aux principes que nous avons rappelés dans la discussion de l'article 1er, mais encore aux conventions et aux lois spéciales qui font la charte de l'État et des Compagnies de chemins de fer.

Les discussions législatives de l'an dernier ont démontré que, si l'Administration supérieure a un droit de contrôle et d'immixtion dans le gouvernement des voies ferrées, c'est en ce qui touche : « les mesures et les dispositions nécessaires « pour garantir la police, la sûreté, l'usage et la conservation « des chemins de fer et de leurs dépendances (1) »; non en ce qui touche le règlement des rapports respectifs des Compagnies et de leurs employés. (Voir les discours de M. Trarieux à la séance du 25 février 1881 et à la séance du 27 février, en réponse à M. le Sous-Secrétaire d'État Raynal. Documents parlementaires, p. 358 et 378.)

Une exception a été faite cependant par la loi et relevée par M. Lelièvre dans son discours du 27 février. (Documents parlementaires, p. 376.) Le législateur de 1852, dont nos législateurs actuels ne semblent pas d'ailleurs vouloir s'inspirer, a réservé au Ministre des Travaux publics le droit de révoquer ou de faire révoquer par les Compagnies ceux de leurs Agents qu'elles auraient cru pouvoir conserver.

C'est là sans doute un droit exorbitant, mais qui, du moins, peut s'expliquer et se justifier par l'intérêt supérieur de police et de sécurité dont la loi de 1842 confie la garde au Gouvernement.

---

(1) Ce sont les termes mêmes de la loi du 11 juin 1842, article 9.

On comprend que le maintien d'un employé incapable, imprudent ou intempérant, puisse compromettre la sécurité des voyageurs et que le Ministre protège le public contre l'indulgence ou la faiblesse des chefs de cet employé. Mais on ne comprend pas que le public ait besoin d'être protégé contre la sévérité de ces mêmes chefs; et c'est cette sévérité que les auteurs du projet de loi accusent et prétendent réglementer administrativement.

Pour justifier l'immixtion de l'État dans ce domaine réservé, le rapport invoque le principe qui attribue au légistateur seul le droit de prononcer des peines et le refuse à tout autre.

Il serait bien étrange que ce principe, devant lequel nous nous inclinons, eût été méconnu ouvertement depuis près d'un demi-siècle par les Compagnies de chemins de fer sans que les pouvoirs publics s'en soient émus.

La vérité est que les Compagnies de chemins de fer n'ont jamais édicté ni appliqué aucune peine dans le *sens juridique* de ce mot.

Si des retenues de traitement, des indemnités qualifiées d'amendes dans le langage industriel qui n'est pas toujours le langage juridique, si des révocations, des descentes de classe, c'est-à-dire des suppressions, des changements d'emploi ou de traitement, constituent des peines dans le sens légal du mot, alors sans doute les Compagnies ont édicté un Code pénal. Elles ont pour imitateurs et pour complices presque tous les industriels dans les conditions les plus diverses; aussi bien le restaurateur qui retient aux gens de service le prix des objets par eux égarés ou brisés que le Directeur de théâtre qui inflige des retenues aux mécaniciens maladroits et aux danseuses retardataires, etc..... Mais, s'il n'y a dans toutes ces conventions que des mesures d'ordre purement civil, pécuniaire ou administratif, il ne faut plus y voir un *Code pénal*, il faut y voir des *clauses pénales*, ce qui est tout autre chose.

Les articles 1226 et suivants du Code civil, placés sous la rubrique : *Des Obligations avec clauses pénales*, justifient parfaitement les mesures prises par les Compagnies et acceptées par leurs employés, tandis que rien ne justifie l'ingérence de l'État dans un domaine, dont les principes généraux, les contrats passés avec les Compagnies et les lois spéciales lui interdisent l'accès.

Ajoutons avec les orateurs déjà cités que l'État, en se substituant aux Compagnies dans la réglementation disciplinaire, détruirait du même coup la responsabilité des Compagnies et la sécurité du public.

« La seule pensée de la réglementation qu'on nous propose
« me fait frémir, disait M. Trarieux dans la séance du 25 fé-
« vrier. (Documents parlementaires, page 360.) Non-seulement
« la sécurité disparaît, mais les responsabilités s'effacent; car
« enfin, si vous voulez que les Compagnies soient responsables,
« il faut bien leur laisser une liberté d'action. Le mot de res-
« ponsabilité est-il autre chose que le corollaire de celui de
« liberté, et comprend-on qu'on puisse être responsable quand
« on n'est pas libre ? »

§ III. — RÉGLEMENTATION DES CAISSES DE RETRAITES.

Art. 3.

**« Dans le même délai de trois mois, les Compagnies
« devront soumettre à l'homologation du Ministre des
« Travaux publics les règlements et statuts de leurs Caisses
. « des retraites et de secours. »**

Nous retrouvons encore ici l'ingérence de l'État dans l'administration intérieure des Compagnies, et le rapport tombe dans une confusion que nous avons dissipée, lorsqu'il *croit rentrer dans l'esprit général de notre législation sur les Chemins de fer en proposant de soumettre à l'homologation du Ministre les règlements et les statuts des Caisses des retraites et de secours.*

Bien qu'en principe la disposition de l'article 3 soit contraire aux lois spéciales et aux conventions qui régissent les rapports de l'État avec les Compagnies, ce qui suffirait à les condamner, cette disposition paraît, au premier abord, inoffensive dans l'application; et le rapport nous apprend que M. le Ministre des Travaux publics a déclaré qu'il ne s'y opposerait pas, tout en la considérant comme inefficace.

Nous croyons, quant à nous, qu'elle renferme un danger tout aussi grave que le danger contenu dans l'article 5 du projet de M. Margue, qui permettait à tout employé le retrait des sommes par lui versées à la Caisse des retraites.

Dans l'article 5 de l'ancien projet, la violation du contrat par le législateur, l'effet rétroactif de la loi apparaissaient au grand jour. Ils se cachent sous l'article 3 du nouveau projet, et, dans sa bonne foi, M. le Ministre ne les a pas aperçus. Le rapport prend soin de nous les révéler :

« Votre Commission estime, dit M. Delattre, que cette « disposition présente un intérêt réel. *Le Ministre pourra* « *exiger* la participation des Agents à la gestion de leur Caisse « des retraites ; il pourra conseiller ou *dicter* des conditions « spéciales en faveur des Agents qui, etc.....

« A vrai dire, le Ministre deviendra ce qu'il doit être : « *leur premier magistrat.* »

Et plus loin : « La seule puissance qui peut ici *faire* « *justice,* c'est le Parlement, *c'est le Ministre placé à la tête* « *du service.* »

Ainsi, le Ministre fera *justice* en *dictant ses conditions* ou en refusant l'homologation nécessaire au fonctionnement de la Caisse des retraites.

Qu'il se trouve un Ministre imbu des idées de la Commission, les Caisses des retraites auront vécu; et nous ne croyons pas calomnier la Commission en lui prêtant le désir de hâter ce résultat.

On ne s'explique guère autrement l'article 4, qui désigne un successeur aux Caisses des retraites dans ces termes :

« Les employés d'une ou de plusieurs Compagnies de « chemins de fer auront le droit de former entre eux des

« Caisses de secours et de retraites, pour eux et leurs familles,
« et de se réserver l'administration exclusive de ces Caisses. »

Cet article, étranger aux rapports des Compagnies et des
Agents (objet unique de la loi), trouverait sa place dans une
loi sur la liberté des associations; mais que vient-il faire ici,
sinon dire aux Agents : « Débarrassez-vous de vos Compagnies,
de vos chefs; votre ennemi, c'est votre maître. Formez une
vaste association. Vous n'aurez même pas besoin pour cela de
soumettre vos Statuts à l'approbation du Ministre, comme l'exi-
geait l'ancien article 6 du projet Margue, comme l'exige l'article 3
pour vos chefs quand ils prennent soin de vos intérêts. Étendez
votre association à tous les employés de toutes les Compagnies,
et enveloppez ainsi la France entière ? »

Rien de mieux ! la liberté pour tous ! Jusqu'au jour où
cette vaste association, livrée à elle-même, ou plutôt aux
suggestions de l'intérêt et de la passion, délibérera sur l'aug-
mentation des salaires et déclarera la grève des employés de
chemins de fer, désastre épargné à la France « *seule peut-être
entre toutes les nations* », nous dit le rapport, par cette raison
un peu trop naïve dans la bouche d'un député : « parce que
« les employés comptent sur le législateur » !

Non ! si la grève des employés de chemins de fer a été
jusqu'ici épargnée à la France, ce n'est pas parce que ces
employés ont compté sur le législateur et patienté jusqu'à
l'octroi du présent fatal qu'on leur ménage, c'est parce qu'ils
ont trouvé dans leurs chefs et leurs collaborateurs, à côté d'une
ferme discipline et d'une autorité nécessaires au salut public,
ces sentiments de famille, ces liens de solidarité que les
Compagnies s'efforcent d'établir et de resserrer de jour en jour

entre elles et leurs Agents, cette union des classes, cette harmonie des devoirs que quelques législateurs imprudents cherchent à briser pour y substituer l'isolement des castes et l'antagonisme des intérêts.

Qu'on supprime directement ou indirectement les Caisses de retraites, croit-on que les Compagnies y perdront? Elles y gagneront plusieurs millions par an. Il n'entre ni dans nos intentions ni dans le plan de ce travail de défendre les Compagnies contre les accusations injustes et passionnées dont elles sont l'objet ; la réfutation en a été faite à plusieurs reprises et portée devant les pouvoirs publics. Mais, quand on songe que le point de départ des projets de loi de MM. Margue, Delattre et autres, réside dans la spéculation attribuée aux Compagnies de s'enrichir à l'aide des retenues versées par les employés révoqués ; quand on songe, d'autre part, à l'importance des sacrifices faits par les Compagnies pour assurer le sort de leurs Agents, sacrifices qui dépassent de beaucoup ceux faits par l'État en faveur de ses fonctionnaires ; quand on songe qu'au lendemain du rejet de la loi Margue, une des grandes Compagnies, pour n'en citer qu'une sans la nommer, a grevé son budget annuel de plus de 600,000 francs en vue d'améliorer la situation de la Caisse des retraites qui lui coûtait déjà 370,000 francs par an ; qu'au lendemain du rejet de cette loi, elle a décidé que les retenues prélevées sur les salaires (sauf celles des trois premières années) seraient remboursées aux employés qui quitteraient la Compagnie, fussent-ils révoqués à la suite de condamnations criminelles ou correctionnelles, on ne peut se défendre d'une certaine indignation et d'un profond étonnement à l'aspect de ces mesures de défiance, de ces lois de suspects, ressuscitées un an après un vote de la Chambre qui semblait être une condamnation définitive.

§ IV. — JURIDICTION COMPÉTENTE

Art. 5.

« **Toute contestation** entre les **Compagnies** et leurs
« **Agents** commissionnés, à raison des engagements ou des
« faits prévus par la présente loi, sera portée devant un
« tribunal arbitral siégeant au chef-lieu de canton auquel
« appartiendra l'**Agent**, tribunal composé du juge de paix,
« président, et de deux arbitres juges, nommés par chacune
« des parties. »

Art. 6.

« Ce tribunal arbitral statuera en dernier ressort
« jusqu'à 1,500 francs, et à charge d'appel, à quelque
« somme que la demande puisse s'élever. — Il pourra
« ordonner l'exécution provisoire, nonobstant opposition
« ou appel, sans caution et sur minute. »

Art. 7.

« **S'il y a lieu** à appel, il sera porté devant le **Tribunal**
« de Commerce et jugé d'urgence. »

Le projet ne respecte pas plus le droit commun, quant à
la juridiction, qu'il ne le respecte quant au fond.

A des lois d'exception, il ajoute des tribunaux d'exception.

Les articles précités ne sont que la reproduction des articles 5, 14 et 15 du projet primitif. On sait quel accueil ils
ont reçu de la part des jurisconsultes de la Chambre, y compris M. Waldeck-Rousseau, que nous comptons cependant

parmi les défendeurs du projet au fond et parmi les membres de la Commission (1).

On a montré quelle anomalie et quel danger il y avait à proroger jusqu'à 1,500 francs la compétence en dernier ressort du juge de paix, assisté de deux arbitres qui ne seront jamais que les avocats des deux parties ; à laisser les Tribunaux de Commerce juges souverains des contestations, à quelque chiffre qu'elles pussent s'élever ; à supprimer la garantie du ministère public dans des débats qui peuvent intéresser au plus haut point la sécurité publique ; à destituer les employés, que le projet entend protéger, du bénéfice de l'assistance judiciaire, du concours gratuit des avocats et des officiers ministériels, pour les livrer aux exigences des agents d'affaires.

Au point de vue de la compétence, on a relevé la violation de la règle fondamentale de la compétence personnelle, qui assure au défendeur le juge de son domicile (*actor sequitur forum rei*), et la dérogation aux articles 59, 69 et 70 du Code de procédure.

Tout cela n'est rien pour l'auteur du rapport : « Une seule « objection (!), — dit le rapport, — a été soulevée et vite « écartée. Les arbitres choisis par les parties subiront trop « l'influence de ceux qui les ont désignés, de telle sorte que « le juge de paix statuera, en fait, comme juge unique. Cela « est loin d'être toujours exact, mais l'observation fût-elle

---

(1) « Je ne suis pas partisan, disait M. Waldeck-Rousseau dans la séance « du 4 mars, d'une juridiction particulière, proposée par la Commission. La « juridiction ordinaire me suffit. Je crois qu'elle présentera même pour les « employés plus d'avantages. »

« vraie, un intérêt supérieur commandait le maintien de ce
« tribunal arbitral.

« En effet, ce qui importe le plus en ces matières spéciales,
« souvent techniques, ce n'est pas que la sentence soit rendue
« par un ou plusieurs juges, mais bien par un juge éclairé,
« vraiment compétent. Or, les arbitres seront assurément com-
« pétents, puisqu'ils seront désignés par les parties.

« Leurs dissentiments, s'ils existent, auront cet avantage
« inappréciable de mettre le juge de paix, président, à même
« de découvrir la vérité et d'éviter les nombreuses erreurs aux-
« quelles des magistrats d'un ordre plus élevé n'ont pu échap-
« per, par suite de leur ignorance dans ces matières nouvelles
« et souvent tout à fait spéciales. »

Ainsi, grâce aux deux arbitres, nous pourrions dire grâce
aux deux représentants des parties, voilà le juge de paix du
canton subitement investi d'une compétence et d'un savoir
refusés aux Tribunaux civils et aux Cours d'appel !

Nous n'insisterons pas. Mais nous signalerons en terminant
une éventualité qui donnera peut-être à réfléchir aux partisans
de cette étrange juridiction.

Supposons qu'à la suite d'un accident, la Compagnie révoque
un Agent à la faute duquel elle attribue l'accident. La juridiction
rapide et locale du juge de paix ne partage pas l'avis de la
Compagnie et de son arbitre; elle condamne la Compagnie à
1,500 francs de dommages-intérêts en dernier ressort.

Mais la justice régulière, moins rapide, informe. Le Procureur de la République ou les victimes saisissent le Tribunal
correctionnel. Une expertise, une enquête ont lieu. Sur les

conclusions conformes du Procureur de la République, le Tribunal de première instance, la Cour sur l'appel condamnent l'employé coupable à une peine correctionnelle et à des dommages-intérêts.

Comment sortira-t-on de cette contradiction scandaleuse ou de celle qu'on peut imaginer en sens inverse, à moins que la décision du juge de paix ne commande celles de la justice criminelle ?

Nous en avons dit assez, trop peut-être, sur cette juridiction sans précédents et sans garanties.

Nous avons passé en revue toutes les dispositions du projet de loi.

Nous avons rencontré, pour ainsi dire à chaque pas, des excès de pouvoirs législatifs : — la substitution de la volonté du législateur ou de l'État à la volonté des parties, avec la circonstance aggravante de la rétroactivité; — la destruction des principes appliqués par le Code civil aux conventions en général et au contrat de louage de services en particulier; — le mépris de la législation spéciale aux chemins de fer et des conventions passées par l'État avec les Compagnies; — le bouleversement des juridictions — et, comme conséquences, le relâchement de la discipline et des liens de solidarité qui rattachent les Compagnies à leurs Agents; — les responsabilités déplacées ou supprimées; — la sécurité publique compromise (1).

---

(1) *Voir*, dans la *Gazette des Tribunaux* des 19 et 20 juin, un article remarquable sur les conséquences juridiques et sociales du projet de loi.

« Il faut, nous dit le rapport, proscrire la doctrine *anti-*
« *juridique, antisociale* et *antipolitique* de la Cour de cassation
« qui permet aux Compagnies de mettre *la main sur l'honneur*
« *des employés, après avoir mis la main sur leur fortune maté-*
« *rielle.* »

L'auteur du rapport estime que le projet de loi et le juge de
paix assisté des deux arbitres que l'on sait, au besoin le Tribunal de Commerce, mettront bon ordre aux *excès* des Compagnies
et de la Cour suprême, leur complice.

Puissent nos législateurs, dirons-nous à notre tour en terminant, préserver des *excès* du projet de loi le public d'abord,
premier intéressé à ne pas voir passer une sorte d'inamovibilité
des mains de la magistrature, où l'inamovibilité n'est qu'une
garantie, aux mains des employés de chemins de fer, où elle ne
serait qu'un péril; puis les employés eux-mêmes, ces prétendus
serfs de la voie ferrée, dont l'immense majorité bénit un servage
auquel aspirent tant d'hommes libres !

Omnes ruere in servitutem !

Puissions-nous n'avoir jamais à subir de pire servitude !

A. BELLAIGUE,

Docteur en Droit,

ANCIEN PRÉSIDENT DE L'ORDRE DES AVOCATS AU CONSEIL D'ÉTAT
ET À LA COUR DE CASSATION,
PRÉSIDENT DU BUREAU D'ASSISTANCE JUDICIAIRE
PRÈS LA COUR DE CASSATION

8609. — Imp. Vᵉ Éthiou-Pérou, rue Damiette, 2 et 4.